15,00

Hartenbeest

D1079988

Fleur Bourgonje
Hartenbeest
Gedichten

Uitgeverij De Arbeiderspers
Amsterdam · Antwerpen

Omslagontwerp: Marjo Starink
Omslagafbeelding: La Grotte Chauvet

ISBN 978 90 295 7128 9 / NUR 306

www.arbeiderspers.nl
www.fleurbourgonje.nl

Inhoud

Hartenbeest

Grote Karoogedichten

Aan Patricio M.
Ter nagedachtenis

wat plaatsvindt als het te laat te ver heen
als de tijd alle vocht in de grond heeft geboord
 en droogte de botten verpulvert
tot grijsachtig, wazig stof

hoe wordt bemind als de lach in de kiem
is gesmoord en verdriet in de poriën waaide
woorden uiteenvielen tot niets overbleef dan verlangen
naar water, naar leeftijdloos liggen langs bronnen
op een uur dat de zon daalt, naar later

waarmee wordt gekust als lippen aardlagen vormen
monden een grot waarin hooguit een scherf
een schildering overbleef: eenling, hartenbeest
dat in vervaagd kornalijn naar de overkant draaft
om wat is geweest terug te halen, kudde, hunkering

en nog steeds in staccato kreten van vrouwen
dansende man die in trance het afwezige raakt
huiverend neervalt, tranen braakt, handgeklap
gladde steen op gladde steen, geluid als gong
kring waarvan het begin het einde niet loslaat

dat het ophoudt, in beweging komt, weggaat
dit roerloze, allereenzaamste rouwen

Sjamaan

Wat plaatsvindt is dit: ik,
zoveel jaren later, schilder in gedachten
op vale rotswanden de vergeten gezichten
de vergane lichamen

scherp mijn pen aan nog harder papier
veeg het teveel aan inkt uit de ogen
raak monden amper maar trek met geweld
in vurig pigment de lijn die in de hals
recht van het hart naar het hoofd loopt

slagaders waren het
strepen nu

het is de kunst wat wegblijft te laten bewegen
of het er is, bloed te geven
aan getekende armen en benen

buiten mijzelf mengt mijn hand dood met leven
hecht, brengt samenhang aan
brengt in almaar dwingender ritme op gang

de verstarde karavaan
van mijn nachten.

Regenmaker

Wanneer de buitenkant een kring is om binnen
beginnen de overledenen te zingen.
Vuur ontsteekt zich. Het overbodige
wordt afgegooid, nu nog de woorden
verbonden aan herinneringen

weinig blijft over:
assagaai, blauwkraanvogel, bidsprinkhaan

er zijn trillingen te horen, ergens spant
een schutter zijn boog
geometrische patronen verdrijven soepeler lijnen
door de rug kruipt oerkracht omhoog

dans, bevlogene, dans!

waarom beschrijven waar regen vandaan komt
vorm liever een keten van ketsende stenen

het uur van het zien breekt aan.

Wildrooster

Tot hier jullie, blijf binnen de lijnen
zij aan zij staan of lig languit
aan de andere kant van de werkelijkheid,
gestorven zijn is voor altijd.

Maar moeten de monotone zangen
dan doorgaan, moeten bij volle maan
vrouwen nog steeds bijeen worden gedreven
ter vervoering van een sjamaan?

Kijk me niet aan, bespaar me het gewicht
van de magische blik en door toverdrank
opgeroepen verlangen. Geef me klein, mondjesmaat,
een herkenbaar geluid, haast onhoorbare
weerklank van lach, leven –

Niet verder jullie dan de muur dus, alleen
die ene, de verdrevene

meest vergetene.

Prooi

Hij die zich afscheidt van de schildering
was de mijne, nomade, nergens
aangekomen, niet terecht.

Hoe ben je hier geraakt, hoe in verf
klemgezet, voorovergebogen alsof je een angel
uit het onderbeen trekt
of opraapt wat je verloor: vrijheid
van gaan en staan, halmen
voor houvast

hoe onbewogen
oog in oog –

Wat nooit werd gezegd
snijdt nu in mijn huid als een jagersmes:

hier verbleef je
buiten taal en tijd
verbannen van land naar land
naar okeren rotswand

in zomergoed van toen loop je vooraan
verbeten trommelaar in eigen rouwstoet.

Dorst

In zandwoestijnen geen groter geheim
dan ondergronds stromen van water. Alleen
wie her en der stenen neerlegt weet de weg,
alleen wie op het dierlijke let
kent de oorsprong. Het spoor
naar de bron wordt gevormd door tekens,
verloren veren, voetafdrukken

en dit droge ding: hart
dat in karkas liggen bleef
als gekooide dode vogel

hier werd dorst gelest, liefgehad

wat rest is niet meer
dan verteerd wild
vervlogen begoocheling.

Verdrevene

Het is er weer, ik leef opnieuw met jou
in gedachten. Waar kom je vandaan
waar ga je heen, een voortvluchtige lijk je
kras op steen, zucht in de wind
amper hoorbaar woord

waar was je, ik met mijn wachten,
poging tot weten, gerucht
op gerucht gehoord

het is er steeds weer
gedroomde kreten, onvoorzien gat
in de grond en het loze geroep
om het goede

het is er altijd, je naam
in mijn mond.

Waan

We konden onheil met blote hand breken
zoals die hier bijeengetekend op een rots

ook wij hoorden dreiging van ver aankomen
roken vergif in wat onuitgesproken
van lichaam tot lichaam kroop, kop opgeheven

spleettong op scherp, ook wij
konden barrevoets op gloeiend zandsteen lopen
alsof huid, hart

pijn niet tot bewustzijn doordrong

zoals die hier in rood en oker
leken wij voorgoed.

Wolk

Houd je maar vast aan wat hard is, iets
wat al eeuwen uit de grond steekt bijvoorbeeld
een opgestuwd stuk rots, slagtand, gewei
van uitgestorven beest, omheining

van gestapelde stenen waarlangs vetstaartschapen
zich schurkten. Klamp je niet vast
aan wat opeens opwaait, wervelt

wolk oud zeer die waar dan ook neerslaat.
Grijp vooral geen woorden beet
want sprinkhanen zijn het, tsjirpende plaag
die scheerlings kaalslag maakt.

Het harde is het houdbare, het verband van altijd
dat opgedaan schrijnen terugwijst naar waar
het kan zijn, binnenin, onderhuids.
Met zwijgen bedekt.
Bijna kwijt.

Twijfelfontein

I

Heeft hier wel plaatsgevonden wat ik denk, viel hier
werkelijk iets voor of heb ik zo lang
door leegte gedwaald dat ik optochten over de horizon
zie lopen, een doodgewaande hoor beweren
dat hij niet weg is geweest –

Bestaat hier wel bewijs van waarheid, thuis
te brengen rest bijvoorbeeld, skelet
dat bij een naam heeft gehoord, bekken,
heupbeen in tweeën, schroef erdoorheen

kaak waar een kogel, traanloze oogkas,
wervelkolom gebukt onder trouw, ontrouw, hand
die nog vast lijkt te grijpen waarvoor het te laat was –

Werd hier wel bemind hoe ik het me herinner
of heeft de deernisvolle tijd ons opgesierd
met liefdestaal en glitter –

2

Geen bewijzen van waarheid. Je kunt denken
wat je wilt, voelen wat je voelen moet
je kunt je verbeelden, vasthouden waar niets dan lucht
verzuchten dat verloren ging
wat niet bestond, dat je een schim mist.

Waar geen graf is kan een dode liggen
kan in graniet gebeiteld staan: als je eens wist
hoeveel ik van je, te kort heeft het, toch niet
voor niets, in dierbare –

Beitel maar raak, herinnering haalt niet terug.
Je kunt geen kant uit of komt het tegen
zonder dat het er is, geen gelijke naam horen noemen
of je herkent die ene, dat verdwenen gezicht

en in afgelegen spelonken kun je geschilderd zien
wat eeuwen geleden op de vlucht

kudde lijkt het, maar
wij zijn het, jij, ik.

Springbok

Hoe je je bevrijdde, hoe je loskwam
van vier muren, valdeur met kijkgat
op ongeregelde uren, tinnen bord door spleet,
brieven geopend, droom
afgeluisterd

hoe ze je om die droom benijdden
en hoe je doolde door je lot

vind de weg maar eens, volg maar eens
een spoor naar het verleden –

Een springbok kantelt in de lucht, kantelt
in de eigen kleuren, danst, valt terug,
vouwt zich op het scherp van de snede

solosprong naar de zon

zo zichtbaar voor de jager
verachtelijk het schot.

Jager

Wat ze zich omgorden en inprenten
gaat schuil achter toonbeelden
van onopvallendheid. In elke taal
is schutkleur anders maar het verhaal

zo eender als wat: er zal en moet iets levends
gevangen, wildgroei belet, opstand
voorkomen dus strop uitgezet
lokaas voor honger uit laten draven
spiegeling van water in woestijn

alvast schiettuig op scherp
met oud verraad kampvuur stoken en een vrouw
onder dwang zo mooi laten zingen
dat de prooi haar armen in loopt.

Geraakt. Allebei.

Hartenbeest

Stel je bent binnen bereik in dit landschap,
je lijkt een van de wijs gebracht dier. Kom
kan ik zeggen, de dood is elders
daar hoor je niet, ik had je hier.

Stel ik ben steviger kleren gaan dragen, soort harnas
van stof, snijd er een loper van
begin die langzaam uit te rollen
voor flard samenzijn, ampere aanraking

blik, kort bonzen van je hart
in zijn jakkerend ritme: duizel, duizeling, ruisen
dat ademen wordt. Stel ik rol de loper
over de ijzeren spijlen van het wildrooster

klap in mijn handen, steen op steen, klik
met de tong op de troostende toon
van de vroegere vrouwen

vorm een kring, alleen, en omvat je
fluister kom
fluister haal hem

haal hem naar hier
hartenbeest hartendier –

Dauw

Het blijft, van tijd tot tijd
een droom als deze

een vreemde komt voorbij, ik herken,
versta heel even, hoor aan zijn stem dat –

(nacht werpt een ander licht, rotsen
worden losgewrikt of ze niet wegen)

vreemd blijft hij en omgekeerd
de mijne, zo dichtbij, zie aan zijn gezicht hoe –

(kudde draait als liggend wagenwiel door leegte
eenling erbuiten, eenzaam gegeven)

hij komt niet om in deze droom, hitte
bewaart hem tot op het bot, voel aan zijn huid dat –

hij huilt niet, dauw
brengt in droogte meer teweeg dan regen.

Karoo

Zo door een verdwenen zee te dwalen
bij volle maan, kijk goed uit
zegt hij naast me, ik ken het gevaar
van helderheid in de woestijn, roofvogels
duiken van grote hoogte op prooien

skeletten lijken levensecht en wij mensen
zien opeens door elkaar heen

geen ontkomen aan
wat binnen ons als tekort te lezen valt:
ik ben alleen
in deze zee.

Visarend

Iemand zei je moet je vaart versnellen
om van verleden los te komen, je moet
als een voertuig in z'n vrij de heuvel af

niets houdt je bij, niemand
heeft nog naam, precieze tekeningen
rekken tot strepen die aan het eind
van de zindering abrupt de grond in gaan

wat je weet raakt achterop, adem
wordt afgesneden als een koord en
als kreten klinken de woorden.

Iemand zei je moet zoveel vaart krijgen
dat je de lucht in glijdt, roerloos
blijft hangen, onaangedaan
naar beneden kijkt.

Man

Zie wie daar staat, tijdloze vluchteling
die achtervolgers ver vooruit is, toch
op een trommel slaat. Hij heeft geen weet,
wordt niet geraakt, heeft geen gevoel
in het gebogen lijf dat met pigment en kwast
is neergezet, bestaat alleen dankzij herinnering.

Gaat nergens heen. Van bovenaf gezien
gewelfd stuk rots, bekraste wand
voor alleman te kijk, zielloze afbeelding.

Toe, schim die in mijn hoofd is losgeraakt
door de hete zon van de Karoo, ga terug
naar je karavaan in de wildernis. Wring je vast
in de oude okeren lijnen. Vergroei ermee,
ze zijn je huis. Versteen.

Glijvlucht

Ik leg je neer, niet eens gewicht

bezwering als een handvol zand
en dan niet meer, lig maar stil

in de taal waarin ik je nalaat
veeg tijd over je gezicht

nevel komt aandrijven als een lint

krimp tot je stof bent, zucht
in wind, niet eens

huiver, niet eens

gedicht –

Vrouw in het wit

Het begon met het vooruitzicht van iets
in vliegende vaart, driedubbele afdaling
in de duinen, fietsen opgezweept
door zwaarte van vrouw, man,
gewicht volgens berekende wetten
aangetrokken door augustusaarde.

Zo begon de dag, in verlangen naar later
maar eerst optornen tegen wind
en hellingen, daarna houten traptreden op,
af, half verzonken in stuifzand, zee
bijna binnen handbereik. Daar gingen we
met het vege lijf. Paarden
draafden tot boven de enkels
in zwartachtig water.

Een dag kan beginnen met zicht op geluk.
Diepe rust als sluitstuk bijvoorbeeld, of een akkoord
dat betovert, vuuropalen avondlucht,
gebaren die lichamen als een heiveld in brand zetten.
Zoveel dingen
kunnen van een dag eindpunt zijn.

Deze ochtend wees naar de weg terug, naar de afdaling
want wij zouden verblind winnen aan vaart
vogels voorbij, ver vóórliggend
op verleden. Deze wees
op wat voor even bereikbaar
leek, lichtheid
van bestaan, wereld
waarin buiten ons niets telde.

Als aangespoeld lagen we vlak voor de branding
van Bakkum. Laat dit niet ophouden
dachten we, dit gevoel van nergens
bij horen en toch een huis hebben
waarnaar terug te gaan, laat ons
meegevoerd worden zonder hier weg –

Wrakhout. Ontkurkte fles met een droom.
Oranje koorden die ooit twee eendere boten
verbonden, knopen erin, voorgoed
vast aan elkaar maar nee,
bij de eerste rukwind
het was niet eens storm
liet een van de uiteinden los
rafelde hopeloos.

Verderop schepijs te koop. Vliegers suisden met geweld
over hoofden en in de golven manoeuvreerde een man
op een plank die niets voorstelt
in zand. Vrouwen bouwden behendig
een tent van doeken en wachtten, smachtten
naar huid op huid. Groot kind groef kuil achter vader.

Nog verder weg was rook van hoogovens te zien
of waren het onvoorspelde wolken? Weerbericht
klopt hier niet, laatste stroken land
vallen buiten overzicht, hier kan van alles
gebeuren zonder dat iemand het wil, drijft aan
wat overboord is gegooid. Een onooglijke krab
wrong zich met zijn scharen
de hitte in.

Ga niet te diep, je moet me nog kunnen zien.
Je hoeft mijn roep niet te horen maar
zwaai als je denkt dat ik het ben
die gebaart dat je terug, dat je hier, je kunt
toch vermoeden dat ik aan het eind
van een dag met zicht op –

Dat riep ik. Er waren geen muien gemeld,
aan de paal was de gewone vlag gehesen.
Wat ik niet riep: besef je dan niet
dat ik zo van aard ben, bang voor onderstromen,
onzichtbare trek, verlangens
waaraan niet valt te ontkomen
wanneer je je blootstelt, blijf, blijf in de buurt bij eb
en vloed, je beloofde je zou me behoeden.

Verdwijnen is bewijs van tijd. Een uur
verstrijkt, dag, eeuwigheid uitmondend
in wat vergeten lijkt. Bedrog. Je raakt
iets of iemand kwijt, zoekt verwoed
in stapels onwaarschijnlijkheid, haalt
overhoop, kamt uit, weigert te slapen

want in de slaap verschijnt steeds wat verloren werd
zonder het aan te kunnen raken, de deur
die door verstand is dichtgedaan
gaat langzaam open: vermiste wordt te kijk gezet.
Wat op een strand tevoorschijn komt
is het geheim gebod niemand in zee te laten gaan
die bij je hoort, op alles acht te slaan
wat wellicht wegdrijft, onderstuift.

Weer verderop tekenden torens zich af, in zee
en aan wal. Rechtop gezeten, hand boven ogen
om zonlicht te weren, valt scherp te zien
wat zoal vanuit een bodem naar omhoog
kan komen: staalconstructies en stenen
gewrocht. Laat ze stoppen denk je dan

laat ze genoegen nemen met hoe het was.
Meeuwen verdrongen zich krijsend
om wat in bederf in het zand lag, geen
waarschuwing van kracht, gevaar van altijd
landinwaarts gejaagd want waarom, wie,
geen sterveling, dit zou toch een dag zijn
met later?

Slibtongetjes hadden we besteld, patat met mayo,
Spaanse wijn van de strandtent. We wachtten erop,
lang, maar wat maakte het uit, waarom zouden we,
wat deed het ertoe. We praatten druk,
gisten naar elkaars geheim, een moord
voor een bekentenis. Onderwijl viel iets voor

op zee, niet ver uit de kust, kennelijk zwaar ding
opgevist, in sloep getild. Opeens was onze wijn
slecht en de tong kreeg venijn in de graten.
Een vrouw in het wit rende de branding in
en het grote kind van de kuil
begon achter vaders rug dieper te graven
naar afvallig goud, een soort trouwring
was al gevonden.

Naar het droge was iets onbeweeglijks gesleept.
Op de borst werd gehamerd, het hart toegeschreeuwd
blijf pompen jij, blijf doorgaan
met wat je in weer en wind hebt gedaan,
doe je plicht. In de ogen
werd het laatste zonlicht gegoten.

We zagen het aan. Scheidden de graten
van de vis zo goed en zo kwaad, dronken
met mate, verslikten ons toch, waar was nu
de vrouw in het wit die zo buiten zichzelf
de zee in ging? We volgden de meeuwen
die hoog in de lucht zonder overzicht
streden om het bedervende
dat binnen reikwijdte lag.

Er is iets gebeurd op de dag van zicht op geluk
met als mogelijk eindpunt volslagen rust of
vuuropalen avondlucht of buiten ons niets
wat telde. Er viel iemand weg. Niet eens
hoge golven, van drijfzand geen weet.
We aten de vis tot op het bot, dronken

lauwe wijn van een heuvel in Andalucía
zei het vakantiehulpje dat schonk. We bezwoeren
het lot met een grimas, kwart over negen al,
de zon maakte zich op om onder te gaan
in wat zich aandiende als nacht. Ons wachtte
nog de vliegende vaart, driedubbele afdaling
door de duinen, aangejaagd
door wind, zwaartekracht.

Verdwijnen heeft te maken met tijd. Nu eens
wordt gevonden dan weer niet. Het achtergelatene
vervreemdt van wie het was, de wachtende streept
de dagen af. Vergeten is zeewater
op strand, het rolt naar je toe, trekt
zich terug, maakt vaag

wat scherpe omtrek was. Schuurpapier.
Bijtmiddel. Bezem van twijgen die niet tot in
de hoeken komt. Die beelden dringen zich op als je denkt
aan later, de lange termijn waarin taal
weer wordt opgepakt, nieuw lichaam liefgehad.
Laten we gaan zeiden we, in volle vaart
de hellingen af, doen alsof,
zo is het eenmaal.

In het zomerhuis wachtte het boek over het stelen
van paarden. Vanuit een boom laat je je op de rug
van de voortvluchtige vallen, je klemt
je benen om de romp en draait je handen
in de manen. In galop raast het dier blindelings
tot het geen kant meer, bezweet, doodop,

dan is het de jouwe. Deze diefstal was het eind
van de dag die begon met vooruitzicht van
geluk, rust misschien. Binnen was niets
verschoven. De kauw in de spar ging als steeds tekeer
met zijn veren. Ga maar tekeer dachten we, doe jij
wat wij zouden willen, kras je schor
om de vrouw in het wit, wij houden ons stil,
schudden scherp zand uit de kleren.

Nabrand

Je denkt dat het hier hoog is, halverwege
valt de mist over je heen. Je denkt dat een zwerfhond
een wolf is en de hoeven die tegen je slapen hameren
zie je aan voor die van groot wild. Schapen
zijn het, dat maak je later op

uit het eenstemmige blaten. Aan de ene kant
van het onvaste pad wordt een woud
aan flarden gezaagd, dat hoor je, aan
de andere is iets wat slagwerk lijkt
bezig op je af te komen, kan ook

bliksem zijn, geen idee; hoe vlug
laten zintuigen het afweten. De rivier verderop
ruist diep in je bloed. Het hart een waterval.
Ruïnes weerstaan de tijd niet op een rots
maar in je hoofd. Je denkt en denkt

al wat ik achterliet en mee te slepen heb
moet in de wind geslagen en vergeten
of de brandstapel op.

Morgenzon breekt wat in nevel heel was.
Waar je ook gaat je moet kiezen
tussen bergopwaarts en dalen in. Dieren
vluchten voor je uit en als tevoren
is het niet meer, dat vrouwen door het koren
kruipen om in geheimtaal door te geven

ga ervandoor jij, de bergen over, verzwijg
wat je weet, beneem je eerder het leven
dan dat je je overgeeft. Zo is het niet meer,
je kunt kiezen waar je lopen wilt, dit spoor
bijvoorbeeld, zwijnen zijn het maar niet verboden
ze te volgen, ook geen verschil

te zien tussen vijand en vriend.
Hetzelfde licht als toen splijt de Pyreneeën
maar geen sterveling haast zich nog
de velden door met opstand tussen de tanden.
Achter lavendelkleurige luiken sluimert
het geheim verbond ongestoord

alsof ik in de omtrek de enige ben
die open en bloot, op de vlucht
woord voor woord.

Wat maakt het uit waar je bent. Je loopt
en loopt zonder vooruit zonder vandaan,
binnen is buiten, de sporen geven
en stilstaan tegelijk, al neem je de trein
al vlieg je door de grens van de tijd
al ontwaak je in huizen die je niet kent.

Vreemd lichaam begeleidt je
van dichtbij, kom, wenkt het, blijf
tijdje hier in het gebied waar rechten
zwaar bevochten, vleesmessen gewet,
pek gegooid. Maar wat maakt het uit,
je vertrekt, al verzet je geen stap

je gaat weg. Op eelten voeten van voorheen
klim je de berg op. Aan de schouderstok
hangt wat nog draagbaar is: je kind te groot,
de doden bijgezet in ander alfabet, droom
overboord, wat overbleef in doek geknoopt.
Grijs vergezicht is wat je vindt

ik doe mijn ogen liever dicht
voor de betekenis
van steen.

Maak maar kammen denk je, zoals toen.
Vijl uit hoorn een bruikbaar ding
of vlecht van twijgen manden voor een oogst,
bind schoven, kneed een gerstebrood,
geef woordeloos berichten door
want taal is bladgoud in de mond.

Als ze het uit je willen slaan
blijf zwijgen dan of lieg een naam
die nooit bestond; verzonnen levens sterven niet
de hongerdood, zijn zonder lichaamsvlees en bloed
nagenoeg niet klein te krijgen, geven
geen geheimen bloot.

Verzin een verleden waar geen mens vat op heeft
om het heden, ondergrondse gangen door
of achterlangs een kalmer gebied in te loodsen.
Vlecht van oud vrouwenhaar desnoods

het reddingskoord, een kort verhaal
monoloog als deze
die bij mij hoort.

Waar dient de waarheid toe. In weilanden
rond Montaillou graasden de schapen
struiken weg tot in de grond en jagers
hadden het op herten voorzien, koningen
op ongeloof. Waar dient een opstand toe
als er geen bedding is

waarin het bloed naar stroomgebied kan gaan
dat vrijheid voedt, waarom vluchten
als het meer moed kost om te blijven
als iedereen blijft waar hij hoort
met rechte rug de kudde hoedt

het kind beschermt, de doden
bijzet in de letterreeks die op een zerk
geen kant uit kan en in het hoofd
herinnering aan de gezichten hecht

zoals ik doe en verdertrek
tot nieuwe mist opdoemt
en nieuwe helderheid.

Zij van toen wisten maar al te goed. Ze dreven
hun vee voorbij de grens van het gevaar
vreemde valleien in, graas maar raak, de sterrenstand
bepaalt; wie muren opwerpt tegen roedel wolven,
dat hij zich hoede, één lynx doet erger kwaad.

Een herder heeft geen huis
dat hem behoort, slaapt ongeroerd door wanen
van de dag. Geen anker in de grond,
geen koorden om de hals gewonden.
In de kale nacht weegt hij zijn woorden,
spreekt ze niet of zachter uit, spoort honden aan

met eeuwenoud fluiten dat taal en tekens
overbodig maakt. Het lot bepaalt
waarheen hij gaat en voor hoe lang.
Hij biedt daaraan geen tegenspraak,
is ook niet bang dat wat hij achterlaat
vergeten raakt, hij slaat het op, houdt vast

als ik, als hij in open lucht niet slapen kan
denkt hij naast zich
wie er niet is.

Wat je hoort als het stil is. Eigen hartslag alom,
in de oren suizend hersenvocht, beek
die door het beroete landschap
van je kinderjaren stroomt, stem
van de smid: Blijf bij het vuur vandaan jij
kleine, jij vat straks vlam, ik zie het al –

Wat je ziet is op het oog niet te verklaren, lichtval
van eeuwen terug, flits overwicht op tijd
al slaat de kerkklok in nabij gehucht
met regelmaat en strompelt oude man
hetzelfde pad op zelfde uren heen
en weer, groetend met hetzelfde woord

terwijl hij hoorbaar moeite doet
op houten brug, nee nee, niet daar, niet
bij het eind te blijven staan. Zijn huivering
in je gezicht, zijn bange
wachten, westenwind

ontdoe hem toch van zijn gewicht, hij is
te moe van al het zien
te ver geweest.

Gedachten verbranden niet. Je klimt zigzaggend
naar de burcht over sintels van verzet, kijkt neer
op wat overbleef. Halverwege
draven twee paarden tegen de tijd in
en roofvogels hangen stil, op een
plastic tas liggen sokken te drogen.

Gedachten vergaan niet. Je klimt hoger,
ziet in dat juist wat niet zichtbaar is
kans maakt te overleven terwijl de grijsaard straks
de brug niet haalt, valt waar het uitkomt,
wat hij vreest: langs het platanenpad
naar de ondergrond.

Zand erover, geen traan, want al dat heen-en-weer,
al dat strompelend gegroet, de dagelijkse vraag
hoe lang nog, hoe; de ketters van weleer
sprongen uit vrije wil de brandstapel op

en ik zo jong zo bruusk
bij vuur vandaan
gejaagd –

Tot boven de wolken hielden ze stand.
Ademnood was ze gewoon, de harten
gingen tekeer tegen wat langzaam maar zeker
geraamte werd. Uit de kelen van de laatste vrouwen
kwam een lied dat klacht leek
maar de mannen klampten zich vast

aan de eed: houd je groot. Muilezels
brachten het laatste voedsel omhoog. Ze zeggen
dat het er tweehonderd waren die niet, nooit,
liever dood. Op een tas van nu
liggen sokken die niet bij elkaar
horen. Vogels paren in de lucht, voltooien lichtvoetig

vervolgen erna gescheiden hun vlucht en een paard
heeft zich omgedraaid om met de tijd
mee op te lopen. In dit dal viel iets voor
waar laag na laag over groeide, vergeten
lijkt geen kunst, kwestie van seizoenen.
De rode zon gaat stilaan onder

maar ik, hoe keer ik terug
naar wie ik was, naar
het begin?

De mais staat zonder kolf nog krom, winter in zicht,
brandhout zo hoog opgestapeld dat het duurt
voor het as is. Een ree vraagt met de ogen
om binnengelaten, sneeuw hangt laag
aan de horizon, bos kraakt en grover wild
zal op drift raken. Kom maar

zeg je, beschutting is ver te zoeken en het
begint pas, de uren van aldoor waaien
en weinig licht, kom tegen me aan
als je durft, vroeger sliepen de dieren hier
tussen de mensen, levens
op één hoop, alles evenveel

of weinig, geluk niet ter sprake, warm
blijven het voornaamste en bij elkaar
zo goed en zo kwaad, het gedeelde
niet loslaten. Vlij je neer ree

omdat wie ik wil er niet meer is
en het gemis
niet overgaat.

Nu komt het aan op wat je bent.
Het sneeuwt, een ree ligt in je bed
en naast je razen de vlammen van de tijd.
Je hoort een schot, de jacht op de gevluchte is geopend,
er wordt verwacht dat je je overgeeft
aan wie de wetten voorschrijft.

Een volgend schot is dichterbij, het dier
in je schrikt op maar wat je denkt
is wie je bent en wat je doet
is het bewijs. Het ijzer van de smid
gloeit na in vuur, je blijft er niet
van weg, je hamert met je wil

op de weke kern tot die in koelwater
zijn vorm vindt: dit ben ik, kind
noch kraai, aan de lange schouderstok
een doek met alles wat ik meedraag

nodig heb, woorden genoeg
om te vertellen wat ik voel
en van de liefde vraag.

Tijd

Als hij nu uit het zicht verdwijnt
als je vergeet wat is gebeurd en werd gezegd
wanneer wat van hem teruggevonden wordt
niets binnenin je in beweging zet

als je geheugen hem belet zich los te weken
van de rest, hem met geweld eronder houdt
veel zwaarder lichaam op het zijne legt

met harde taal het graf toedekt
de tijd gebruikt als hechtste metselwerk en mos
laat kruipen in de kieren van de zerk

behoort hij je dan nog, hoe weet je
dat hij heeft bestaan, kun je er dan wel van op aan
dat je hem bij je hebt gehad?

Geen sterveling die zicht tot in je schedel heeft
terwijl over een slagveld vrijelijk te lopen is
met een vergrootglas in je hand

door de jonge aanplant heen
valt aan een bodem af te zien
wat zich heeft voorgedaan, hoe zwaar
gewond, waarmee, waarom
en waarom díe –

Bewijs maar eens dat je hebt liefgehad.
Verward in woorden ga je de waarheid uit de weg
want waarom zou je, geen mens
schat van een leven het gewicht.
Vlecht de verleden tijd maar dicht.

Je bent alleen met wat je weet. Je kent je hoofd
van binnenuit, voelt hoe het hart vergeefser reikt
naar wie voorgoed erbuiten blijft, hoort
dat de stem geleidelijk verstomt

je schrijft nog tegen het vergeten in, verwoed,
met inkt die uit je aderen druipt

tot adem stokt, ook voor je zelf
de schedel sluit.

Aantekeningen

De reeks 'Hartenbeest' is ontstaan tijdens een reis door de Grote Karoo, Zuid-Afrika, december 2006. Voor de oorspronkelijke bewoners waren het hartendier of hartenbeest en de antilope de snelle boodschappers tussen de wereld van de levenden en die van de doden.

'Vrouw in het wit' is geschreven in Egmond aan Zee, juli 2007.

Een verblijf in oktober 2007 in de Franse Pyreneeën, in het gebied waar in de 12de en 13de eeuw de katharen woonden, vormde de opmaat voor de cyclus 'Nabrand'.

'Tijd' is geschreven in Wenen, maart 2008.

Een werkbeurs van het Fonds voor de Letteren heeft bijgedragen aan de totstandkoming van deze bundel.

Colofon

Hartenbeest van Fleur Bourgonje werd in 2009 in opdracht
van Uitgeverij De Arbeiderspers volgens ontwerp van Steven van
der Gaauw gezet uit de DTL-Haarlemmer en gedrukt door
Drukkerij Krips te Meppel op 90 grams houtvrij romandruk.